Surmonter l'alimentation émotionnelle et stopper les fringales

Comprendre les causes des crises de boulimie, lutter avec succès contre les troubles alimentaires et atteindre votre poids idéal.

Mario Waldecker

CONTENU

Ce qui vous attend dans ce livre

Vous vous demandez peut-être quel est le lien entre l'alimentation et les émotions. Ce n'est peut-être pas évident pour tout le monde, mais pour de nombreuses personnes, les émotions sont étroitement liées à leur comportement alimentaire. Qu'elle soit consciente ou non, l'alimentation émotionnelle régulière entraîne souvent une grande souffrance chez les personnes concernées. L'alimentation émotionnelle se manifeste généralement sous la forme d'une alimentation de frustration ou de stress, c'est-à-dire que l'on compense par la nourriture un sentiment négatif. Une prise de poids importante et des troubles alimentaires peuvent en résulter, c'est pourquoi l'alimentation émotionnelle ne doit pas être sous-estimée.

Vous constatez des signes d'alimentation émotionnelle chez vous ou chez un proche ? Vous êtes au bon endroit. Ce guide a pour but d'informer et d'éduquer sur le sujet de l'alimentation émotionnelle, car la connaissance est essentielle au changement. Vous apprendrez également ce que vous pouvez faire chez vous si vous êtes concerné par l'alimentation émotionnelle et souhaitez modifier votre comportement alimentaire. Vous apprendrez ainsi à comprendre les liens entre votre corps et votre psychisme et vous aurez un nouveau point de vue sur vos habitudes alimentaires. Que vous soyez vous-même concerné ou un proche, que vous souffriez de crises de boulimie incontrôlables ou que vous ayez plutôt tendance à ne pas manger assez, vous apprendrez à évaluer votre comportement alimentaire et à le gérer. Poursuivez donc votre lecture et faites le premier pas vers le changement.

Qu'est-ce que l'alimentation émotionnelle ?

UNE DÉCLARATION

Alimentation et émotions - deux notions qui n'ont a priori rien à voir l'une avec l'autre, mais pour de nombreuses personnes, ces choses apparemment indépendantes sont étroitement liées. Tristesse, stress, colère - il n'est pas rare que nous soyons confrontés à de telles émotions négatives au cours de notre vie et, pour mieux les maîtriser, de nombreuses personnes ont régulièrement recours à la nourriture émotionnelle. En partie consciemment et en partie automatiquement par une habitude profondément ancrée, on essaie d'améliorer son état d'esprit en absorbant de la nourriture. Une dispute avec le ou la partenaire et on se console avec une tablette de chocolat, une journée de travail stressante avec des collègues peu aimables et, pour compenser, on mange une pizza le soir. Qui n'a pas connu cela ?

L'alimentation émotionnelle signifiait donc que l'on compensait une émotion négative par l'ingestion d'aliments. On cherche de l'aide et du réconfort dans la nourriture, de sorte que l'alimentation devient une forme d'auto-thérapie. Dans ce cas, la nourriture ne sert donc pas uniquement à fournir de l'énergie au corps, mais plutôt à stimuler les émotions. L'alimentation émotionnelle n'est pas seulement le phénomène de l'*alimentation de la frustration*, c'est-à-dire le principe *"je vais mal, alors je veux au moins manger quelque chose de bon pour me consoler"*, mais les émotions et l'alimentation peuvent également être liées de manière positive. Dans ce cas, vous savez que *si je mange tel ou tel aliment, je me sentirai bien.* Souvent, l'alimentation émotionnelle est totalement indépendante de la sensation de faim ou de satiété, de sorte que la nourriture est consommée alors que le corps est suffisamment nourri pour le moment. Les signaux naturels du corps sont donc délibérément ignorés ou tout simplement non perçus, ce qui perturbe le rythme biologique. Dans la plupart des cas, des aliments particulièrement riches en calories sont alors consommés sous forme d'en-cas entre les repas principaux. Cela s'explique par le fait que la densité énergétique élevée de ces aliments entraîne un goût très intense dans la bouche. Ce stimulus masque alors pendant un certain temps la sensation désagréable et l'on pense se sentir mieux. C'est l'un des principaux facteurs de l'effet stimulant du chocolat dans les moments de stress.

Il n'existe pas encore de définition officielle de l'alimentation émotionnelle et le phénomène n'est pas reconnu comme une pathologie relevant d'un trouble mental. Cependant, l'alimentation émotionnelle peut mettre en danger la santé physique et mentale. Dans les cas extrêmes, elle peut entraîner une prise de poids importante et des troubles alimentaires.

COMMENT LE PHÉNOMÈNE EST-IL APPARU ?

De nombreuses personnes compensent un déséquilibre émotionnel en consommant de la nourriture. Cela s'explique par le fait que la plupart des personnes associent la nourriture à quelque chose de positif et de gratifiant. L'origine de ce phénomène remonte à loin et commence dès la petite enfance. Lorsqu'un bébé pleure, on le met au sein et on l'allaite. Il est tenu dans les bras avec amour et bénéficie ainsi d'une proximité physique. Cette interaction crée un sentiment de bien-être et de sécurité qui permet à notre corps de sécréter des hormones du bonheur. De plus, le lait maternel contient déjà plusieurs sucres.

C'est pourquoi un nourrisson associe déjà le goût sucré et sucré à quelque chose de beau. Il s'agit de la première association positive avec la nourriture. De plus, les enfants sont souvent récompensés par une friandise ou punis en renonçant à un aliment particulier. Ainsi, de nombreux enfants reçoivent une sucette pour avoir été particulièrement sages ou ne reçoivent un dessert que lorsqu'ils ont terminé leur assiette.

Un autre schéma classique est que les parents calment leur enfant à court terme en lui donnant quelque chose à manger. Inversement, les enfants ne reçoivent pas de dessert s'ils ont fait une bêtise ou s'ils ne finissent pas leur repas. Notre comportement alimentaire est donc influencé par une multitude d'expériences d'apprentissage qui varient d'une personne à l'autre et qui ont généralement des racines profondes dans notre inconscient. Bien que les schémas de pensée et les processus d'apprentissage varient d'une personne à l'autre, ils ont un facteur commun : le lien entre l'émotion et la nourriture.

La prise alimentaire dans le contexte de certaines émotions n'est pas une image nouvelle. Dès le début du 20e siècle, le thème de l'alimentation émotionnelle a fait l'objet de discussions dans la littérature scientifique et psychiatrique. Le stress semble être depuis toujours le déclencheur numéro un de l'alimentation contraire à la sensation de faim. Dans notre société actuelle, être stressé a généralement une connotation négative. Pourtant, la sensation de stress en tant que telle est un mécanisme qui s'est développé au cours de l'évolution et qui était essentiel à la survie. Lorsque vous êtes stressé, vous produisez du cortisol, l'hormone du stress. Cela a pour effet de bloquer les zones du cerveau responsables de l'action consciente. Ainsi, le tronc cérébral, qui agit de manière impulsive et instinctive, agit en premier lieu. Par exemple, l'instinct réflexe de fuite n'était pas bloqué par des pensées délibératives qui prenaient beaucoup de temps, ce qui permettait de se sauver plus rapidement d'un danger, comme un animal ou un agresseur. Le stress nous a donc permis de survivre.

Bien que nous ne soyons plus chassés par des animaux sauvages, nous ressentons toujours du stress, mais sous une forme différente. Les situations de stress peuvent être déclenchées par exemple par la pression du temps, la pression de la performance ou des problèmes relationnels. Les déclencheurs de la perception du stress ont changé, mais pas l'effet que le stress a sur nous. Certaines parties du cerveau continuent d'être bloquées et le tronc cérébral prend le dessus, ce qui signifie que les personnes stressées ont tendance à agir de manière instinctive. De plus, le blocage des zones cérébrales concernées entraîne une diminution de la perception de certaines sensations, dont la faim et la satiété. Ainsi, lorsque l'on est stressé, on est automatiquement plus instinctif et l'on a recours à la nourriture émotionnelle sans trop y penser, pour se sentir soi-disant mieux. C'est dans ce contexte que l'on a tendance à consommer davantage d'en-cas hautement caloriques, comme des chips, du chocolat ou des oursons en gomme, pendant les examens par exemple. Un autre exemple est la courte pause déjeuner entre deux rendez-vous, pendant laquelle on mange un burger gras ou un plat à emporter similaire parce qu'on est trop stressé pour un déjeuner sain. Dans ces cas, on ne mange pas uniquement ou pas du tout parce que l'on a faim, mais parce que notre corps nous signale un danger et que l'on veut survivre à cette situation menaçante.

Un autre aspect est l'alimentation par ennui. Bien que dans ce cas, on ne ressente pas directement une émotion négative comme la peur, la frustration ou la colère, un sentiment d'ennui peut également conduire à une forme de stress. L'ennui s'accompagne souvent d'un sentiment de vide. Ce sentiment a généralement une connotation négative, de sorte que l'on souhaite combler ce vide. Dans ce contexte, on a souvent recours à la nourriture.

LES RAISONS DES COMPORTE-MENTS ALIMENTAIRES ÉMO-TIONNELS

La faim physique peut être satisfaite par l'ingestion de nourriture, mais pas la faim "émotionnelle" qui se cache derrière l'alimentation émotionnelle. L'alimentation émotionnelle sert en quelque sorte de satisfaction de substitution et de stratégie de compensation. Un problème sous-jacent vous stresse, mais vous n'avez pas envie de regarder le vrai problème en face. La solution à court terme consiste donc à manger pour se sentir mieux sur le plan émotionnel. L'émotion négative qui surgit n'est pas exprimée, mais "ravalée", car on craint d'aborder un sujet généralement difficile. Souvent, ce processus se déroule à un niveau inconscient.

"J'avais peur [de cela] parce que je savais qu'il y avait une zone où j'avais rangé tout ce que je ne voulais pas ressentir, soi-disant en toute sécurité", explique Sigrid Lewandowski, qui a lutté pendant des années contre l'obésité et les crises de boulimie. Elle confirme que la nourriture lui servait en quelque sorte de médicament lorsqu'elle allait mal. "Je mangeais pour m'abrutir, pour ne pas avoir à me sentir", explique

Lewandowski. "J'avais mangé une carapace de protection, personne ne devait m'approcher [...]".

Maria Sanchez est une praticienne de la santé en psychothérapie qui s'intéresse spécifiquement à l'alimentation émotionnelle et aux troubles alimentaires. "Les causes des émotions sous-jacentes sont enfouies dans les profondeurs de notre biographie", explique-t-elle. Les carences émotionnelles des personnes concernées apparaissent généralement dès l'enfance et sont comblées par la nourriture dès le plus jeune âge. Ainsi, ce schéma de consommation compulsive de nourriture pour anesthésier les émotions désagréables s'installe très tôt.

Ces schémas de pensée profondément ancrés entraînent souvent les personnes concernées dans une sorte de cercle vicieux dont elles ne semblent pas pouvoir s'échapper et qui les conduit à adopter de nouveaux schémas de pensée négatifs liés à la nourriture. De nombreuses personnes souffrant de crises de boulimie récurrentes prennent du poids au fil du temps et essaient ensuite de perdre ce poids à l'aide de divers régimes. Cela s'accompagne du schéma de pensée suivant : "*Pour être mince et perdre du poids, je dois me contrôler*". Comme l'alimentation émotionnelle s'accompagne dans ce cas de crises de boulimie incontrôlées, la première contradiction et la lutte contre soi-même apparaissent ici. En raison d'émotions négatives, des aliments hautement caloriques sont consommés en dehors des repas réguliers et contre la sensation de faim. Ensuite, la personne s'accuse de s'être laissée aller à l'envie et de ne pas être suffisamment disciplinée. Cette autocritique négative nuit à la longue à la confiance en soi et à l'estime de soi et s'ajoute aux émotions négatives déjà présentes. En conséquence, la personne concernée est encore plus encline à compenser la frustration et le stress par la nourriture. La plupart des personnes concernées décrivent ce processus lorsqu'elles parlent de leur expérience de l'alimentation émotionnelle.

Différents schémas de pensée font qu'il semble presque impossible de modifier le rapport à la nourriture et donc de contrôler le comportement alimentaire. Les personnes concernées ont donc souvent l'impression d'avoir perdu le contrôle.

L'ALIMENTATION ÉMO-
TIONNELLE CHEZ LES ENFANTS
ET LES ADOLESCENTS

Selon une étude de l'Université du Michigan, l'alimentation émotionnelle commence parfois dès l'âge de quatre ans. Manger à un si jeune âge en raison du stress favorise les troubles alimentaires et l'obésité plus tard dans la vie. L'étude a montré que le fait de manger sans faim est également directement lié à un stress accru chez les enfants. Ce stress prend la forme d'un environnement familial chaotique et d'expériences négatives telles que la violence ou la pauvreté, qui entraînent des traumatismes dans la petite enfance. Dans le cadre de l'étude, les chercheurs ont interrogé entre 2009 et 2015 environ 200 enfants issus de familles plutôt défavorisées. Ils ont analysé le niveau de stress et le comportement alimentaire des enfants.

Les résultats ont montré que les enfants issus de milieux à faible revenu sont plus susceptibles d'être victimes de violence dans leur environnement direct ou de manquer de nourriture. Il est prouvé que ces aspects ont un impact sur la santé et le comportement des enfants - et donc sur leur comportement alimentaire. "Les enfants qui ont souffert de plus de stress ont également mangé plus sans avoir faim lorsqu'ils avaient des émotions fortes, comme l'ont rapporté leurs parents", a déclaré Alison Miller, professeur à l'Université du Michigan. "Il est important de reconnaître si les jeunes enfants mangent pour faire face au stress". Il est donc essentiel pour les parents de distinguer si leur enfant mange parce qu'il a faim ou comme méthode de compensation. Miller souligne que les pédiatres devraient accorder une attention particulière à ce point lors des examens de dépistage et aborder également des sujets tels que l'alimentation et les ressources financières.

Tous les enfants qui présentent un comportement alimentaire émotionnel n'ont pas automatiquement subi des expériences négatives dans leur environnement familial. Un grand nombre d'adolescents souffrant de troubles alimentaires proviennent de familles protégées et financièrement stables, et les causes de leur comportement alimentaire anormal ne peuvent pas toujours être expliquées. Cependant, en tant que parents ou tuteurs, vous pouvez faire attention à certaines choses dès le plus jeune âge afin de prévenir l'alimentation émotionnelle. Une alimentation saine et équilibrée est essentielle. Le sucre, en particulier, doit être géré. Il est bien sûr légitime de donner des friandises à votre enfant de temps en temps, mais faites attention au cadre dans lequel vous le faites. Évitez de rassurer ou de consoler votre enfant en lui donnant des aliments. Cela renforce le schéma de pensée *"si je mange, je me sens mieux" dès* le plus jeune âge et l'enfant sera plus enclin à avoir un comportement alimentaire émotionnel plus tard dans sa vie.

Si vous souffrez vous-même d'une alimentation émotionnelle ou d'un comportement alimentaire anormal, essayez de ne pas le montrer à votre enfant. Demandez de l'aide à temps afin de maîtriser le problème. En tant que parents, vous avez automatiquement un rôle de modèle pour vos enfants. Si les enfants observent dès leur plus jeune âge que l'un de leurs parents accorde beaucoup d'attention à la nourriture et au poids, il est fort probable que cela se transmette à l'enfant. Faites en sorte que votre enfant se sente bien tel qu'il est, quelle que soit la situation. Même si vous observez déjà un comportement alimentaire anormal, qui s'accompagne peut-être d'une prise de poids, ne blâmez pas votre enfant. Même si votre enfant est jeune, cherchez le dialogue et voyez comment vous pouvez l'aider au mieux.

Dans les cas extrêmes, si vous pensez que votre enfant souffre d'un trouble de l'alimentation ou si vous craignez un risque pour sa santé, vous devriez demander l'aide d'un professionnel. Il est important de noter qu'en tant que parents, vous ne savez pas tout sur votre enfant et que vous ne pouvez pas tout contrôler. Ne blâmez donc pas votre enfant et ne cherchez pas la faute de manière obsessionnelle. De nombreux enfants et adolescents cachent délibérément des choses à leur famille et à leurs amis dans le cadre de l'alimentation émotionnelle. Surtout à l'adolescence, lorsque l'enfant va à l'école et voit régulièrement ses amis, il est très difficile pour les parents de comprendre le comportement alimentaire de leur enfant. Ne vous culpabilisez donc pas, mais concentrez-vous sur l'aide et le soutien à apporter à votre enfant.

Troubles alimentaires résultant d'une alimentation émotionnelle

Avez-vous l'impression que votre vie ne tourne qu'autour de la nourriture et que l'ingestion de nourriture rythme votre quotidien ? Remarquez-vous que vous essayez régulièrement de compenser les émotions négatives par la nourriture ? Si le fait de penser à la nourriture et aux calories devient une préoccupation constante et influence votre vie quotidienne, l'alimentation émotionnelle peut se transformer en trouble alimentaire.

Un trouble alimentaire est une maladie mentale qui perturbe le rapport à la nourriture et le rapport à son propre corps. Il existe différentes formes de troubles alimentaires, mais dans plus de la moitié des cas, ils se présentent sous une forme mixte. Dans certains cas, une certaine tendance à souffrir d'un trouble alimentaire peut être due à une vulnérabilité générale aux troubles psychologiques. Celle-ci résulte par exemple de l'existence de pathologies psychiques dans la famille, d'expériences d'abus sexuels, d'autres traumatismes ou d'une image négative de soi et d'une surcharge pondérale pendant l'enfance.

Il convient de noter que toutes les personnes qui mangent plus que leur faim ou qui perdent du poids à la suite d'un régime ne sont pas forcément atteintes de troubles alimentaires. Toutes les personnes présentant des symptômes de troubles du comportement alimentaire ne sont pas automatiquement atteintes de troubles alimentaires. Cependant, des comportements anormaux liés à l'alimentation, éventuellement associés à d'autres facteurs, peuvent être à l'origine d'un trouble alimentaire. Le passage d'un comportement alimentaire anormal et d'une alimentation émotionnelle à un comportement alimentaire pathologique est souvent très insidieux et difficile à remarquer pour les personnes concernées. Par conséquent, si vous constatez que quelque chose ne va pas dans votre comportement alimentaire et que vous investissez une énergie disproportionnée dans le contrôle de vos habitudes alimentaires, répondez aux douze questions suivantes. Plus vous répondez par l'affirmative à un grand nombre de questions, plus il est probable que vous souffriez d'un trouble alimentaire.

Il ne s'agit pas d'un substitut à un diagnostic professionnel, mais simplement d'un outil pour vous aider à vous familiariser avec le sujet.

1. Avez-vous l'impression que vos pensées tournent constamment autour de la nourriture ?

2. Ces pensées influencent-elles votre vie quotidienne et votre emploi du temps ?

3. Comparez-vous souvent votre apparence et votre corps à ceux des autres ?

4. Contrôlez-vous souvent votre poids ?

5. Comptez les calories ?

6. Avez-vous honte de votre comportement alimentaire ?

7. Souffrez-vous de crises de boulimie récurrentes ?

8. Vous isolez-vous de vos contacts sociaux ?

9. Tenez vous un registre de ce que vous mangez,

quand vous le mangez et combien de calories vous consommez ?

10. Vous constatez des traits dépressifs chez vous ?

11. Constatez-vous un lien entre votre état d'esprit et la quantité d'aliments que vous consommez ?

12. Avez-vous parfois envie de vomir après avoir mangé ?

Si vous pensez être atteint d'un trouble alimentaire, vous devriez demander de l'aide. De nombreuses personnes sous-estiment la prévalence des troubles alimentaires et se sentent seules face à ce problème. Sur 1.000 personnes, 30 à 50 souffrent d'un trouble alimentaire, mais il ne s'agit là que du nombre de cas officiellement diagnostiqués, le nombre de cas non diagnostiqués est donc probablement bien supérieur. Vous n'êtes donc pas seul à souffrir de ce problème, bien au contraire. En raison de l'ampleur du phénomène, il existe aujourd'hui de nombreuses possibilités de se faire aider.

Si vous ne vous sentez pas en mesure de vous confier à un membre de votre famille, un groupe de soutien adapté peut être une bonne alternative. Il existe des groupes d'entraide spécialisés dans les troubles alimentaires spécifiques, comme la boulimie ou l'hyperphagie, ou des groupes qui abordent le thème des troubles du comportement alimentaire en général. Il existe également des groupes pour les familles, car pour elles aussi, il peut être difficile et douloureux de voir un proche souffrir d'un trouble alimentaire. L'avantage d'un groupe d'entraide est avant tout l'anonymat. Pour de nombreuses personnes concernées, l'inhibition est trop grande pour aborder le sujet avec une personne de confiance, comme des amis, la famille ou même le médecin de famille. Dans un groupe d'entraide, vous rencontrez des personnes qui se trouvent dans la même situation que vous ou dans une situation similaire. Dans ces conditions, il est généralement plus facile d'aborder ouvertement le sujet et de mettre de côté son sentiment de honte. Il est important de souligner que la participation régulière à un groupe d'entraide peut être une aide supplémentaire pour les patients avant, pendant et après le traitement, mais ne peut pas remplacer le traitement.

Si vous souffrez d'un trouble alimentaire aigu, votre santé psychique et physique est en danger et vous devriez dans tous les cas chercher une aide professionnelle. Une fois que l'alimentation émotionnelle a atteint le stade du trouble alimentaire, il est rarement possible pour les personnes concernées de lutter seules contre le problème. Il existe de nombreuses formes de thérapie pour traiter les troubles alimentaires. Dans un premier temps, il est préférable de vous adresser à votre médecin généraliste qui vous orientera vers un spécialiste. Avec lui, vous pourrez adapter le traitement à vos besoins.

L'HYPERPHAGIE ET LA BOULIMIE

Lorsque l'alimentation émotionnelle prend la forme de crises régulières de boulimie, au cours desquelles des quantités énormes de nourriture sont ingérées en peu de temps, on parle de trouble de l'hyperphagie. L'hyperphagie est un terme anglais qui désigne une alimentation excessive. Les personnes concernées sont dépendantes de la nourriture et ne s'arrêtent de manger que lorsqu'elles ont mal au ventre ou qu'elles sont malades.

Les personnes concernées ont l'impression de ne plus pouvoir s'arrêter de manger et de ne plus contrôler ce qu'elles mangent et en quelle quantité. Si, après la crise de boulimie, la nourriture absorbée est restituée par des vomissements artificiels, on parle de boulimie, c'est-à-dire d'une dépendance à la nourriture. En outre, les boulimiques tentent de compenser leur consommation excessive de calories par la prise de médicaments ou la pratique excessive d'un sport.

Ce n'est généralement pas le cas chez les personnes souffrant d'hyperphagie. En dehors de cela, les symptômes de l'hyperphagie et de la boulimie sont similaires. L'hyperphagie boulimique est une pathologie très récente. Depuis 1994, l'hyperphagie est reconnue comme un trouble mental et est le trouble alimentaire le plus courant. La boulimie, quant à elle, est reconnue depuis le début des années 80 comme un trouble alimentaire et donc un trouble mental. Les crises d'hyperphagie s'accompagnent généralement d'un sentiment de honte et de culpabilité, ce qui explique que de nombreuses personnes souffrant d'hyperphagie éprouvent un sentiment de dégoût envers elles-mêmes après leurs crises.

Le comportement alimentaire entre les crises varie d'un cas à l'autre. Certaines personnes ont tendance à surconsommer de la nourriture et d'autres essaient de réguler leur comportement alimentaire entre les crises à l'aide de régimes. De plus, les crises de boulimie ont généralement lieu en secret et non en société. Ainsi, les personnes souffrant d'hyperphagie ou de boulimie s'isolent de plus en plus et négligent leurs contacts sociaux. Les problèmes financiers peuvent également être déclenchés par les crises de boulimie récurrentes, car il faut acheter plus de nourriture que la moyenne. La plupart des personnes souffrant d'hyperphagie boulimique présentent également des symptômes dépressifs. Cela est principalement dû à l'isolement, qui peut aller jusqu'à la solitude. Les personnes souffrant d'hyperphagie boulimique prennent du poids en raison des crises de boulimie récurrentes. Cela entraîne une perte de confiance en soi et un sentiment accru de culpabilité ou de honte.

Le contexte de l'hyperphagie et de la boulimie est fondamentalement le même que celui de l'alimentation émotionnelle, car ces pathologies représentent une forme extrême d'alimentation émotionnelle. Cependant, il n'est pas toujours facile de tracer une frontière claire entre l'alimentation émotionnelle et l'hyperphagie ou la boulimie. Il convient de faire une distinction claire entre la boulimie et l'hyperphagie. Nous vivons dans une société de consommation où l'offre alimentaire est abondante. La plupart des gens ont donc déjà mangé plus que de raison, parce que c'était bon et qu'il y avait encore suffisamment de nourriture. Dans ce cas, on parle de suralimentation, mais il ne s'agit pas ici d'un trouble alimentaire. La différence avec la boulimie réside dans le fait que les personnes ne ressentent aucun plaisir pendant une crise de boulimie pathologique.

Ils ressentent une pression intrinsèque qui les oblige, contre leur gré, à consommer de grandes quantités de nourriture en peu de temps. Cela s'accompagne d'une grande souffrance et la prise de nourriture est supposée involontaire. Au lieu de ressentir du plaisir, les personnes concernées éprouvent de la honte, du dégoût et de la culpabilité. Les personnes qui accordent généralement beaucoup d'importance à la gestion de leur poids et qui essaient régulièrement de perdre du poids ont également tendance à faire des crises de boulimie. Celles-ci surviennent en réaction à des périodes prolongées de jeûne ou de régulation stricte de l'apport calorique. Si vous souffrez de crises de boulimie récurrentes suivies de vomissements réguliers, il est fort probable que vous souffriez de boulimie. Les vomissements provoqués artificiellement ne sont en aucun cas un comportement sain, que ce soit au niveau physique ou psychologique.

Outre la souffrance mentale, les vomissements fréquents font peser un risque élevé sur la santé de votre corps. Les conséquences possibles sont, entre autres, une inflammation ou des fissures dans l'œsophage, des ulcères gastriques, une constipation, une déshydratation et des troubles du rythme cardiaque.

Par conséquent, si vous reconnaissez des symptômes qui indiquent que vous souffrez de boulimie, demandez de l'aide professionnelle dès que possible. Dans le cas de l'hyperphagie boulimique, il est souvent plus difficile de s'auto-diagnostiquer. Si vous n'êtes pas sûr(e) d'être concerné(e) par le trouble de l'hyperphagie boulimique, les critères suivants peuvent vous aider :

Pour que le diagnostic d'hyperphagie soit posé, une crise de boulimie incontrôlable doit se produire au moins une fois par semaine sur une période de trois mois. De plus, les crises alimentaires sont incontrôlables et compulsives, de sorte que la personne concernée ne peut pas s'arrêter de manger au moment de la crise. Certaines personnes décrivent des expériences extracorporelles au cours desquelles elles peuvent se voir de l'extérieur pendant une crise de boulimie et réaliser que leur comportement est malsain et pathologique. Pourtant, elles se sentent obligées d'absorber plus de nourriture et ne peuvent pas arrêter de manger. Certaines personnes souffrant d'hyperphagie boulimique rapportent des situations dans lesquelles la maladie se manifeste sous la forme d'une voix leur demandant de continuer. Il s'agit alors d'une sorte de dispute mentale entre "l'ange et le démon". Dans presque tous les cas, les personnes concernées reconnaissent donc qu'elles se nuisent à elles-mêmes par leur comportement et continuent pourtant à manger.

De plus, l'alimentation par crises s'accompagne d'au moins trois des symptômes énumérés ici.

> 1. On mange dans l'isolement, sans compagnie, car la quantité d'aliments consommés s'accompagne d'un fort sentiment de honte.
>
> 2. Les aliments sont consommés à une vitesse nettement supérieure à la normale.
>
> 3. Après avoir trop mangé, le dégoût et la culpabilité envers soi-même apparaissent.
>
> 4. De très grandes quantités d'aliments sont consommées alors qu'aucune sensation de faim n'est ressentie.
>
> 5. On continue à manger jusqu'à ce qu'une sensation désagréable de ballonnement apparaisse, voire des douleurs abdominales et des nausées.

L'hyperphagie boulimique et la boulimie sont des troubles psychologiques, de sorte qu'ils sont souvent accompagnés de symptômes de dépression et de signes d'autres troubles.

Entre 20 et 30 pour cent des personnes souffrant d'addiction à la nourriture ou d'hyperphagie présentent également un ou plusieurs troubles affectifs. Il s'agit notamment de la dépression, de la manie et du trouble bipolaire. Environ 20 pour cent des personnes concernées présentent également un trouble anxieux.

Les symptômes suivants accompagnent donc souvent l'hyperphagie boulimique et la boulimie :

- Fatigue, paresse
- Irritabilité
- Anxiété, crises de panique
- manque d'envie, apathie
- Troubles du sommeil
- Pleurs apparemment sans raison
- Baisse de l'intérêt sexuel.

L'hyperphagie boulimique et la boulimie peuvent se présenter sous une forme mixte, de sorte que les personnes concernées présentent les symptômes des deux troubles, mais les deux tableaux cliniques peuvent également se manifester parallèlement à l'évolution d'autres troubles alimentaires, comme l'anorexie. Dans la majorité des cas, l'hyperphagie boulimique n'est pas associée à d'autres troubles alimentaires. Dans ce cas, les crises de boulimie ne sont pas accompagnées d'autres comportements compensatoires, tels que les vomissements volontaires ou l'exercice physique compulsif.

Même avec des connaissances théoriques sur l'alimentation émotionnelle et les symptômes de l'hyperphagie et de la boulimie, il peut être très difficile d'évaluer si vous souffrez de l'un de ces troubles ou d'une forme mixte. Il est particulièrement difficile d'évaluer clairement son propre comportement lorsqu'on se trouve soi-même dans cette situation. Comme le recours à un deuxième avis est un grand pas pour de nombreuses personnes concernées et qu'il demande beaucoup de courage à la plupart d'entre elles, vous avez ici la possibilité d'aborder le sujet par vous-même. La tâche peut sembler simple, mais elle peut être pour vous le premier pas vers une nouvelle direction.

Le cas échéant, commencez donc par vous poser les questions suivantes et répondez-y honnêtement :

1. Avez-vous régulièrement des crises de boulimie et l'impression de ne pas pouvoir vous arrêter de manger ?

2. Mangez-vous plus vite que d'habitude pendant les crises ?

3. Les crises de boulimie se produisent-elles une fois par semaine ou plus sur une période de trois mois ?

4. Les crises entraînent-elles un sentiment de culpabilité ?

5. Vous arrive-t-il de vous détester ?

6. Vous arrêtez-vous de manger lorsqu'une sensation

de satiété se fait sentir ?

7. Êtes-vous satisfait de vous-même et de votre corps ?

8. Pouvez-vous faire la différence entre la faim et l'appétit ?

9. Vomissez-vous les aliments que vous avez ingérés après les crises de boulimie ?

10. Compensez-vous l'apport calorique élevé par la prise de laxatifs ou par une activité sportive excessive ?

Si vous avez tendance à répondre par l'affirmative aux cinq premières questions et par la négative aux questions suivantes, vous êtes plus susceptible de souffrir d'hyperphagie boulimique. Si vous répondez également oui aux questions 9 et 10, vous avez de fortes chances de souffrir de boulimie.

Vous reconnaissez-vous dans les descriptions ci-dessus et plusieurs des symptômes cités s'appliquent-ils à vous ? Le résultat de l'auto-test est plutôt en faveur d'un trouble de l'hyperphagie ? Lorsque l'hyperphagie est devenue un trouble de l'hyperphagie ou une hyperphagie boulimique, il est très difficile pour la plupart des personnes concernées de remédier à la situation de manière autonome.

L'hyperphagie et la boulimie sont plus répandues que beaucoup ne le pensent, vous n'êtes donc pas seul(e) dans cette situation. Il existe donc de nombreux services auxquels vous pouvez vous adresser et qui offrent des possibilités individuelles pour vous aider. Tout d'abord, il est conseillé de consulter votre médecin traitant, car vous le connaissez déjà et vous lui faites confiance. Il vous fera passer un examen physique afin d'exclure toute cause physique à vos fringales. Ensuite, il vous orientera vers un spécialiste si nécessaire. Les personnes souffrant d'hyperphagie et de boulimie sont hospitalisées ou traitées en ambulatoire, en fonction de la gravité du trouble. Si le trouble entraîne des problèmes physiques ou psychologiques importants, une hospitalisation est recommandée. Cependant, il existe également des cas où un traitement ambulatoire est suffisant. Dans les deux cas, le traitement vise à éduquer les personnes concernées sur les symptômes de la maladie.

La première étape consiste à reconnaître son propre comportement alimentaire comme une maladie et donc à se déculpabiliser. Les schémas de pensée négatifs par rapport à la nourriture et à son propre corps sont brisés et modifiés. L'objectif est d'améliorer le rapport à soi et à son apparence et d'augmenter l'estime de soi. Dans le cadre de cette démarche, il est important de rééquilibrer les habitudes alimentaires et d'intégrer l'exercice physique dans la vie quotidienne. L'IMC, ou indice de masse corporelle, doit ainsi être ramené à un niveau sain et stable. Si vous êtes concerné, il peut sembler impossible d'apporter ce changement dans votre vie. Mais si vous décidez de suivre une thérapie, vous aurez à vos côtés des thérapeutes et des diététiciens qui vous accompagneront pas à pas.

Anka a 23 ans et travaille comme éducatrice. Elle a souffert d'hyperphagie boulimique pendant trois ans, jusqu'à ce qu'elle décide de demander de l'aide. Elle s'est adressée à son médecin généraliste, qui l'a ensuite envoyée chez un psychologue. Anka a commencé une thérapie en milieu hospitalier, comprenant des entretiens individuels et de groupe, des thérapies par la danse et la peinture, des cours de cuisine et des conseils nutritionnels. Depuis 2018, Anka dit avoir une relation saine avec la nourriture, sans crises d'hyperphagie. Elle aime faire de l'exercice et suit une formation pour devenir professeur de yoga. Elle dit elle-même qu'il lui a fallu beaucoup de courage pour faire le pas et aller voir son médecin traitant. La suite a également été loin d'être facile, mais malgré tout, elle dit que c'était la meilleure décision de sa vie. Elle pense qu'elle n'aurait pas pu résoudre son problème sans l'aide d'un professionnel. Afin d'inspirer les autres personnes concernées et de les encourager dans leur démarche, elle parle ouvertement de son passé d'hyperphagie boulimique dans le cadre d'un podcast intitulé *Ma vie a du poids* et sur les médias sociaux.

SURPOIDS ET OBÉSITÉ

Comme la plupart des personnes qui s'alimentent sous le coup de l'émotion consomment des aliments très caloriques, particulièrement riches en sucre et en graisse, elles prennent souvent du poids après un certain temps. La plupart des personnes concernées ne se sentent pas à l'aise avec cette situation et souhaitent perdre du poids. La solution est alors souvent un régime. Il existe d'innombrables régimes différents, mais rares sont ceux qui permettent de perdre du poids de manière saine et durable.

En fait, c'est l'inverse qui se produit, de sorte que la plupart des régimes ont pour résultat final de faire prendre encore plus de poids à la personne. Cela est dû à ce que l'on appelle l'*effet yo-yo*. Cela signifie que le corps s'est habitué à consommer beaucoup de calories en mangeant régulièrement. Si la quantité de calories est soudainement réduite, le taux de graisse corporelle diminue également et la personne perd du poids.

Cependant, un régime implique toujours une fin, ce qui signifie que le comportement alimentaire change à nouveau. Lorsque la phase de régime est suivie d'une reprise de la consommation d'aliments plus caloriques, cela signifie que le corps doit à nouveau constituer des réserves de graisse afin d'être prêt pour la prochaine "phase de faim". Le poids corporel diminue donc d'abord, puis augmente à nouveau - généralement plus qu'au début du régime. De nombreuses personnes concernées vivent pendant des années dans une alternance de régimes et d'apports caloriques excessifs et prennent ainsi de plus en plus de poids. Cela peut conduire à un surpoids, voire à une obésité.

L'*indice de masse corporelle* (IMC) sert de référence pour vérifier si votre poids est normal. Il calcule le rapport entre votre poids, votre taille, votre âge et votre sexe. Le résultat est une mesure qui implique si vous êtes en sous-poids, en poids normal ou en surpoids. Il existe de nombreux sites sur Internet qui proposent un calculateur d'IMC gratuit. Comme il ne tient pas compte de la corpulence ni de la composition individuelle du corps en graisse et en muscle , l'IMC n'est qu'une valeur indicative approximative. Il convient également de noter qu'il ne s'agit pas d'un idéal de beauté visuelle ou d'un poids corporel parfait, mais de la santé de l'individu.

L'obésité n'est pas seulement un fardeau psychologique pour la plupart des personnes concernées, mais peut également entraîner des problèmes de santé au niveau physique. Le surpoids et l'obésité peuvent entraîner un grand nombre de maladies secondaires, et presque tous les organes peuvent être potentiellement touchés. Il peut s'agir de maladies métaboliques, comme le diabète de type 2 ou la goutte, d'arthrose, c'est-à-dire d'usure des articulations, ou d'une maladie directe des organes, comme les reins, le foie ou la vésicule biliaire. En outre, le système cardiovasculaire peut être gravement affecté, ce qui peut entraîner une fibrillation auriculaire, une hypertension ou un accident vasculaire cérébral.

Chez l'homme, l'obésité extrême est potentiellement source de stérilité. En moyenne, 8 personnes de poids normal sur 100 développent un diabète de type 2, contre 22 sur 100 pour les personnes en surpoids et 57 pour les personnes obèses. Le surpoids et l'obésité entraînent donc une diminution de l'espérance de vie à long terme. Outre les restrictions physiques quotidiennes en matière de mobilité, les personnes obèses souffrent souvent de stigmatisation, d'exclusion et d'hostilité. Cela entraîne à son tour une baisse de l'estime de soi et une augmentation du stress. Cela augmente le risque de développer d'autres maladies mentales. Dans la plupart des cas, celles-ci se manifestent sous la forme de troubles anxieux et de dépressions. Presque toutes les personnes dont l'obésité est provoquée par l'alimentation émotionnelle souffrent également du trouble de l'hyperphagie. Les personnes concernées se retrouvent donc de manière répétée dans la spirale descendante qui consiste à vouloir combattre le stress provoqué par leur surpoids par des crises de boulimie.

Deux tiers des hommes allemands et environ la moitié des femmes en Allemagne sont en surpoids (chiffres de 2017). L'obésité est aujourd'hui un phénomène répandu dans le monde entier et ne signifie pas toujours que la santé mentale ou physique est en danger. Toutefois, une prise de poids importante cache souvent un comportement alimentaire d'origine émotionnelle, c'est-à-dire un problème au niveau des sentiments. Il est conseillé aux personnes qui présentent un surpoids particulièrement important ou des symptômes d'obésité de vérifier régulièrement avec leur médecin traitant si leur santé physique est menacée et, dans l'affirmative, dans quelle mesure. Cependant, dans de nombreux cas, la boulimie et l'obésité sont interdépendantes, de sorte que l'obésité, même sévère, ne peut que rarement être guérie sans une forme de psychothérapie. Il est donc conseillé, comme nous l'avons déjà mentionné dans le contexte de l'hyperphagie boulimique, de faire appel à une aide psychologique professionnelle dans ce cas également.

"Je n'avais plus du tout de sentiment de satiété. Je pouvais manger, manger et manger encore. Mon corps ne me disait plus quand il était rassasié". Miriam a 32 ans et a longtemps souffert de surpoids. Dès l'adolescence, elle a commencé à prendre du poids de manière régulière. Comme la plupart des personnes concernées, elle a essayé de suivre différents régimes, mais elle est tombée dans le cercle vicieux classique de la perte de poids et de la prise de poids. Miriam décrit également la nourriture comme une consolation qui l'a rendue plus heureuse à certains moments.

"A un moment donné, j'ai abandonné et je me suis dit que je devais être une personne en surpoids. Il n'y a rien à faire". Elle a vécu avec cette conviction pendant quelques années, mais des symptômes physiques se sont ensuite développés en raison de son surpoids important. Miriam souffrait d'hypertension et de douleurs dans les articulations. Elle a décidé de changer les choses. Sa première démarche a été de se tourner vers un groupe de soutien où elle pouvait échanger avec des personnes qui se trouvaient dans des situations similaires.

Elle a alors décidé de participer à une *approche* dite *multimodale*. Cette thérapie combine l'exercice physique et le sport avec une thérapie nutritionnelle et un accompagnement psychologique. L'objectif du programme est de réduire le poids corporel et d'évoluer vers un mode de vie plus sain. Le programme a aidé Miriam à perdre du poids et à changer son mode de vie, mais elle savait qu'elle ne pourrait pas maintenir une telle discipline au quotidien. Après de nombreuses consultations, elle a finalement décidé de se faire opérer pour réduire la taille de son estomac. Une telle intervention comporte de nombreux risques et ne doit pas être prise à la légère, mais pour Miriam, ce fut la meilleure décision. Elle a réussi à réduire son poids de 50 kilos et à le ramener à un niveau sain. Elle a également réappris ce que signifie avoir faim et être rassasiée. Miriam dit que "la tête n'est pas opérée en même temps". Outre le suivi physique, le suivi psychologique est également très important lors de l'opération, car les troubles alimentaires sont avant tout une maladie du psychisme. Miriam insiste sur l'importance d'être actif et de vouloir changer les choses en matière de surpoids et d'amaigrissement.

Pour elle, le groupe de soutien a été un énorme soutien dans cette démarche et, aujourd'hui encore, elle entretient des liens d'amitié étroits avec les gens de ce groupe. Miriam a réussi à adopter un mode de vie plus sain. Elle a perdu du poids, fait régulièrement du sport et passe beaucoup de temps dehors. Sa confiance en elle s'est également considérablement améliorée et, sur le plan psychologique, elle se sent plus exubérante et plus stable que jamais.

ANOREXIE

Les troubles alimentaires ont de nombreux visages différents, de sorte que le comportement alimentaire émotionnel peut également aller dans le sens inverse de l'hyperphagie et de l'obésité. Lorsque la personne concernée limite fortement son apport alimentaire sur une longue période, elle perd généralement énormément de poids. Le diagnostic est alors l'anorexie. Chez les personnes souffrant d'anorexie, les habitudes alimentaires compulsives sont également liées à des sentiments - le contexte est donc similaire à celui de l'hyperphagie boulimique et de la boulimie mentionnées ci-dessus.

Les personnes souffrant d'anorexie réduisent considérablement leur consommation de nourriture, car elles veulent toujours maintenir la sensation de faim. L'objectif est d'absorber le moins de nourriture possible. Cela s'accompagne généralement d'un comptage obsessionnel des calories et d'une pratique sportive excessive afin de stimuler la consommation de calories. Dans ce processus, la perception de son propre corps est de plus en plus déformée. Il en résulte un poids extrêmement faible et, dans les cas extrêmes, la mort. Après avoir mangé, les personnes concernées éprouvent le même sentiment de culpabilité et de mauvaise conscience que les boulimiques, par exemple, après une crise de boulimie. La différence est que les anorexiques ressentent ce sentiment après presque chaque repas - même avec des aliments à faible teneur en calories et de petites portions. L'anorexie est également un trouble mental et les symptômes qui l'accompagnent sont similaires à ceux des autres troubles alimentaires. Les anorexiques présentent donc généralement aussi des symptômes de dépression, d'anxiété et de troubles du sommeil, et s'isolent des contacts sociaux.

Par alimentation émotionnelle, on entend la consommation de nourriture pour des raisons émotionnelles, de sorte que l'anorexie ne correspond pas directement à cette image. Cependant, la "non-mange-abilité" émotionnelle typique de l'anorexie est également une forme de comportement alimentaire émotionnel. De plus, dans tous les troubles alimentaires résultant d'une alimentation émotionnelle, la perte de contrôle et la compulsion sont les principaux symptômes. Dans certains cas, la boulimie se transforme avec le temps en anorexie et inversement. L'élément central est ici un comportement alimentaire compulsif dans le sens extrême, c'est-à-dire beaucoup ou peu. Certaines personnes vivent pendant des années un va-et-vient entre ces différentes formes de troubles alimentaires et souffrent ainsi de fortes fluctuations de poids et d'une grande souffrance.

Combattre l'alimentation émotionnelle - programmes d'autoassistance à domicile

Vous constatez que vous consommez souvent plus de nourriture que d'habitude lorsque vous êtes stressé et vous souhaitez lutter contre votre alimentation émotionnelle ? Découvrez ici quelques méthodes que vous pouvez appliquer chez vous pour modifier votre comportement alimentaire. Mark Twain a dit "On ne peut pas jeter une habitude par la fenêtre ; il faut l'attirer en bas de l'escalier, marche par marche". Cette image peut également être appliquée à l'alimentation émotionnelle. L'homme est un animal d'habitudes et un changement prend du temps, c'est tout à fait naturel. Ne vous découragez donc pas si le changement de votre comportement alimentaire prend plus de temps que vous ne le pensiez au départ. L'essentiel est d'arriver au but, la vitesse n'a pas d'importance. Avec un peu de patience et de discipline, vous y arriverez certainement.

LA FORMULE P.A.U.S.E.

Pour modifier à long terme un comportement automatique et profondément ancré, il faut une structure claire. Une approche par étapes facilite le processus de changement. Le coach de fitness Mark Maslow a établi la formule P.A.U.S.E sur la base de ce constat.

Celle-ci se compose de cinq étapes :

1. Rendez vos habitudes alimentaires PRÉSENTES.
2. ATTENTION aux déclencheurs.
3. INTERRUPTEZ les comportements négatifs.
4. SUBSTITUEZ l'alimentation émotionnelle par une alternative.
5. ETABLIR de nouveaux schémas de pensée.

Chacune de ces étapes est abordée ci-dessous afin que vous sachiez exactement comment procéder au mieux.

1. Prenez conscience de vos habitudes alimentaires. L'un des principaux obstacles aux comportements alimentaires émotionnels est qu'ils se produisent à un niveau inconscient. En général, vous vous contentez donc de manger sans vous demander ce que vous mangez et pourquoi vous le faites maintenant. Dans ce cas, manger par frustration est un modèle de comportement subconscient.

Cela signifie que votre cerveau a mis en place un programme qui vous permet d'agir automatiquement dans une situation donnée. Ce programme est par exemple *"si vous êtes stressé, mangez du chocolat"*. Pour pouvoir changer les choses, vous devez donc d'abord les amener au niveau de la conscience.

Il existe plusieurs façons de vivre plus consciemment votre comportement alimentaire.

D'une part, il est conseillé de se consacrer réellement à l'alimentation pendant le repas. Cela signifie que la télévision reste éteinte et que l'on mange dans le calme. Prenez le temps qu'il faut et évitez de manger en route ou entre deux portes. Cela vous aidera à être à nouveau plus à l'écoute de votre corps et à intensifier l'expérience gustative. Il est également possible de tenir un journal alimentaire dans lequel vous consignez tous les aliments que vous consommez au cours de la journée. Lire noir sur blanc ce que vous mangez réellement aide de nombreuses personnes à prendre conscience de leur comportement alimentaire. Différentes applications pour votre smartphone peuvent faciliter ce processus.

2. Faites attention à vos déclencheurs. La nourriture émotionnelle peut vous sembler arbitraire au premier abord, mais il y a toujours un déclencheur en arrière-plan. Les déclencheurs sont tout à fait naturels, nous en avons tous et chez certaines personnes, certains déclencheurs déclenchent en premier lieu une alimentation émotionnelle. Ces déclencheurs émotionnels appartiennent généralement à l'une des quatre catégories suivantes : Les émotions, les lieux, les personnes et les événements.

Posez-vous la question suivante : où se trouve le "bouton" de votre comportement alimentaire émotionnel ? La liste suivante contient les déclencheurs émotionnels les plus courants de l'alimentation émotionnelle. Passez en revue la liste et notez les éléments qui vous concernent. Vous pouvez ajouter d'autres facteurs si nécessaire.

- Frustration

- Solitude

- Colère

- Tristesse

- Surmenage

- Préoccupations financières

- Fatigue

- Surcharge

- Se sentir sans valeur

- Ne pas se sentir aimé/accepté

Cependant, l'alimentation émotionnelle ou les crises alimentaires peuvent être déclenchées par des situations ou des lieux spécifiques. Regardez les exemples suivants et demandez-vous si certains d'entre eux s'appliquent à vous.

- Buffets

- Manger dans un endroit spécifique (cuisine, bureau, chez un ami, etc.)

- Un jour de la semaine/un moment précis du mois

- Télévision

- Vous serez nourri.

- Vous cuisinez pour une autre personne.

- La vue/l'odeur de la nourriture

- Un aliment spécifique.

Vous êtes-vous reconnu dans certains des déclencheurs ou en avez-vous trouvé d'autres ? Sélectionnez maintenant sur votre liste ceux qui sont particulièrement difficiles à contrôler pour vous. Il s'agit de vos "chantiers" sur lesquels vous devez porter une attention particulière. Il existe maintenant différentes manières d'éviter et de contourner vos déclencheurs.

L'astuce la plus simple est de bannir certains aliments de votre foyer. La plupart des personnes qui ont tendance à manger émotionnellement se sentent déclenchées par des snacks comme les biscuits, le chocolat et les chips. Dans ce cas, la règle est simple : ce qui n'est pas là ne peut pas être mangé. Dans certains cas, il suffit de garder les aliments concernés hors de vue. Les contacts sociaux peuvent également inciter à manger sous le coup de l'émotion. Dans ce cas, il est conseillé d'impliquer le cercle le plus proche, c'est-à-dire les amis et la famille. Expliquez-leur votre situation afin qu'ils puissent vous soutenir de manière appropriée. Si vous êtes confronté à une interaction sociale susceptible d'entraîner une suralimentation ou une alimentation émotionnelle, il est préférable de réfléchir à une stratégie à l'avance. Notez les situations avec d'autres personnes dans lesquelles vous perdez régulièrement le contrôle de votre comportement alimentaire. Ensuite, pour chacune de ces situations, établissez un script fixe que vous suivrez.

Voici quelques questions qui peuvent vous aider à y parvenir :

Comment voir la situation sous un autre angle ?
Quels sont les avantages de cette situation pour moi ?
Que puis-je apprendre de cette situation ?
Quel nouveau sens puis-je donner à la situation ?

3. Interrompez vos comportements négatifs. Grâce aux étapes 1 et 2, vous avez appris à faire attention et à être plus vigilant lorsque vous mangez. Utilisez cette nouvelle prise de conscience non seulement pour identifier vos comportements négatifs, mais aussi pour les

interrompre à temps. Lorsque vous percevez l'impulsion à laquelle vous cédez automatiquement en temps normal, vous avez déjà fait beaucoup. C'est à ce moment-là que vous prenez une décision. Prenez la décision de faire les choses différemment cette fois-ci.

Profitez de ce moment de pause pour vous poser les questions suivantes :
Est-ce que j'ai envie de manger parce que j'ai faim ?
Si ce n'est pas une sensation de faim physique, pourquoi est-ce que je pense à manger maintenant ?
Quelles seraient les conséquences si je cédais à mon impulsion de manger ?
Quel serait l'avantage de contrer mon impulsion à manger ?

En vous posant ces questions, il vous sera plus facile de vous concentrer sur l'essentiel pendant votre décision. Prenez conscience que vous ne vous sentirez pas mieux après avoir mangé. Le sentiment négatif que vous ressentez actuellement ne disparaîtra pas après le repas.

4. Remplacez la nourriture émotionnelle par une alternative plus saine. Si vous avez envie de manger alors que vous n'avez pas faim physiquement, c'est qu'il y a une émotion derrière. Demandez-vous de quoi vous avez vraiment "faim" et réfléchissez à la manière dont vous pouvez la satisfaire. Les émotions humaines étant très individuelles, les possibilités de satisfactions alternatives varient également. Pour de nombreuses personnes, il est utile de parler de leur problème avec une personne de confiance. Adressez-vous donc à une personne avec laquelle vous pouvez parler ouvertement et engagez le dialogue. Cela peut sembler très simple, mais cette méthode peut faire des miracles et est sous-estimée par de nombreuses personnes.

La méditation et les exercices de respiration sont d'autres moyens de lutter contre les situations de stress et donc contre l'alimentation émotionnelle. Ils vous aident à évacuer le stress accumulé par morceaux et à vous recentrer. Le sexe ou la masturbation peuvent également servir de satisfaction distrayante pour éviter l'alimentation émotionnelle. Pour de nombreuses personnes qui sont souvent très en colère et bouleversées, le sport est le moyen de choix. Aller courir ou faire de l'exercice à la salle de sport est bien plus sain que de manger des snacks riches en calories et peut générer une satisfaction similaire. Si aucun moyen de satisfaction de remplacement ne vous semble approprié, la distraction est parfois une meilleure stratégie. Par exemple, faites une promenade ou pratiquez un autre passe-temps de votre choix, comme la peinture, la musique ou autre.

5. Établissez de nouveaux schémas de pensée. Surmonter ces schémas de pensée invisibles, qui fonctionnent en permanence en arrière-plan, est souvent le point crucial pour surmonter les comportements alimentaires émotionnels. Une fois que vous les avez modifiés et remplacés par de nouveaux, vous pouvez également changer durablement votre comportement alimentaire. Une fois que vous avez assimilé certaines affirmations, vous agissez automatiquement de la manière qui convient le mieux à votre esprit et à votre corps.

Vous éviterez ainsi de manger sous le coup de l'émotion, sans avoir recours à la volonté de manière ciblée. Vous trouverez ci-dessous quatre affirmations différentes qui vous permettront d'entamer le processus de changement de mentalité. Les schémas de pensée sont très personnels et vous pouvez toujours les adapter à vos besoins.

1. La nourriture est un matériau de construction.

Les aliments servent de matériaux de construction à mon corps. En mangeant, je donne à mon corps les matériaux qui composent mes cellules. Je suis donc ce que je mange.

2. La nourriture est un carburant.

L'énergie dont je dispose dépend de la qualité du carburant. Je l'apporte sous forme de nourriture.

3. La nourriture est un nutriment.

Les aliments nutritifs maintiennent mon corps en bonne santé.

4. Manger maintient le métabolisme.

En consommant régulièrement des aliments riches en nutriments, mon métabolisme fonctionne et je vis mieux.

Ces affirmations ont pour but de vous faire prendre conscience de la véritable raison d'être de la nourriture. Dans notre société de consommation où la nourriture est disponible en abondance, beaucoup de gens perdent de vue que manger signifie avant tout apporter des nutriments à l'organisme. Avec cette prise de conscience, il est plus facile de se détourner de la nourriture émotionnelle, car au fond, la nourriture et les émotions n'ont pas grand-chose à voir. Il est maintenant important de ne pas seulement lire ces scripts, mais aussi de les intégrer dans votre subconscient. Pour cela, vous disposez de plusieurs options.

Il est conseillé d'écrire l'affirmation que vous avez choisie et de la placer à un endroit où vous pourrez la voir et la lire régulièrement, par exemple sur le miroir de la salle de bains. Une autre méthode efficace est la visualisation. Fermez les yeux et imaginez votre réaction dans une situation donnée. Il est en outre utile de prononcer régulièrement vos croyances à haute voix. Ainsi, vous les percevez à tous les niveaux de conscience et vous pouvez mieux les intérioriser. Là encore, une certaine structure, une sorte de rituel, est utile. Par exemple, vous pouvez prendre cinq minutes chaque matin au réveil et chaque soir après vous être endormi pour prononcer les affirmations. Considérez cela comme une séance d'entraînement régulière, car tout comme vous pouvez entraîner votre corps, vous pouvez également entraîner votre esprit.

Il convient de noter qu'il est tout à fait normal de manger de temps en temps en dehors de la faim ou de prendre des snacks soi-disant malsains.

Le secret est de le faire en toute connaissance de cause et sans mauvaise conscience. Manger peut être un plaisir. Manger peut être un plaisir. L'important est de trouver un équilibre sain.

SPORT ET ACTIVITÉ PHYSIQUE

De nombreuses personnes associent automatiquement le sport à la perte de poids. Différents régimes, un comportement alimentaire discipliné, devoir se forcer à faire du sport et pourtant ne pas réussir à perdre du poids à long terme - de nombreuses personnes se retrouvent dans cette situation. Le sport est donc considéré comme un moyen d'arriver à ses fins, une obligation pénible, souvent accompagnée de la pensée *"de toute façon, ça ne sert à rien"*.

Oui, si vous souhaitez réduire votre poids corporel, vous devez notamment veiller à faire suffisamment d'exercice et de sport, mais des séances d'exercice régulières peuvent avoir bien d'autres effets. Différentes études ont montré que le sport contribue au bien-être mental. Lorsque le corps est en mouvement, le cerveau est mieux irrigué, ce qui entraîne notamment la production de sérotonine, de dopamine et d'endorphines. Ces hormones aident à réduire le stress et l'anxiété. Le sport a donc un effet positif sur l'humeur, les performances intellectuelles sont améliorées et la perception de la douleur est inhibée. L'activité sportive est donc utilisée avec succès contre les maladies mentales, telles que la dépression, les troubles anxieux et le burn-out. Lara Mosch est une patiente souffrant d'anxiété et s'entraîne trois fois par semaine dans le cadre d'un programme du service de psychiatrie de l'hôpital Charité de Berlin. "On a en fait toujours un niveau de tension permanent quand on est anxieux. Au moment où l'on fait un tel effort et où la tension retombe ensuite, on se sent libéré - comme un muscle détendu", c'est ainsi que la personne concernée décrit l'effet de l'entraînement. En ce sens, le sport peut également aider à lutter contre l'alimentation émotionnelle. Étant donné que les effets physiques se répercutent également sur votre psychisme, une activité physique régulière améliore votre humeur. Ainsi, à long terme, vous serez moins stressé et moins frustré et vous ressentirez moins souvent l'envie de vous tourner vers la nourriture pour obtenir une satisfaction de substitution.

Prenez donc conscience que le sport vous fait du bien dans son ensemble et qu'il ne doit pas avoir pour seul objectif de réduire votre poids . Là encore, vous pouvez utiliser des affirmations. Changez votre façon de penser négative à propos du sport et essayez de donner une nouvelle perspective à une séance d'exercice régulière. Le sport ne doit pas être désagréable, il peut être amusant. Demandez-vous quels sont les aspects du sport qui vous dérangent et réfléchissez à la manière dont vous pouvez les changer. Chaque corps est différent et tous les sports ne conviennent pas à tout le monde. Vous ne devez pas vous forcer à faire du jogging trois fois par semaine si vous n'y voyez pas de valeur ajoutée. Vous aimez peut-être davantage les mouvements de danse, et la zumba pourrait être une option pour vous. Ou si vous préférez vous détendre et harmoniser votre corps et votre esprit en faisant du sport, essayez un cours de yoga.

Il n'est pas toujours nécessaire de planifier une séance d'entraînement spécifique, vous pouvez intégrer un certain niveau d'activité physique dans votre vie quotidienne. Par exemple, prenez plus souvent le vélo au lieu de la voiture ou du train et montez les escaliers au lieu de prendre l'escalator. Pour être sportif, il n'est pas nécessaire d'être inscrit dans une salle de sport.

L'offre de sports différents est énorme et il y a certainement quelque chose pour chacun. Oui, le sport peut être pratiqué sous forme de séances d'entraînement ou sur un tapis roulant, mais il existe de nombreux autres sports, comme l'escalade, le patin à roulettes ou le ping-pong, qui constituent tous un équilibre sain entre le corps et l'esprit. De quoi avez-vous envie ?

Un autre aspect est le contact social. Si vous faites régulièrement du sport avec d'autres personnes, cette interaction sociale régulière peut également avoir un effet positif sur votre état d'esprit. De plus, la pratique d'un sport en plein air et dans la nature est bénéfique tant pour le corps que pour l'esprit. Réfléchissez à ce que vous aimez faire, à vos objectifs et au sport qui vous convient le mieux. Ne vous comparez pas aux autres, car chaque corps a des besoins différents et ce qui compte pour vous, c'est ce qui est bon pour votre propre corps.

Comment se comporter en tant que proche

La situation représente également un défi pour les proches des personnes concernées par le comportement alimentaire émotionnel. En particulier lorsque l'alimentation émotionnelle évolue vers un trouble alimentaire, les proches ne savent souvent pas comment se comporter au mieux. Chaque personne et chaque évolution de la maladie étant différente, il n'est guère possible de donner ici des règles universelles. Il existe cependant quelques conseils qui peuvent faciliter les relations avec les personnes concernées. Tout d'abord, il n'est souvent pas facile de reconnaître un comportement alimentaire émotionnel chez une autre personne. Vous avez dans votre entourage direct une personne qui, selon vous, a un comportement alimentaire anormal ? Mais vous n'êtes pas sûr que votre inquiétude soit justifiée ? La liste suivante contient des comportements qui peuvent être des signes d'alimentation émotionnelle et, dans les cas extrêmes, de troubles alimentaires.

Passez-les en revue et observez si un grand nombre des symptômes correspondent au comportement de la personne concernée.

- Tout tourne autour de la nourriture, souvent en combinaison avec le thème de la perte de poids.
- Des régimes alimentaires sont régulièrement mis en place.
- La prise alimentaire est contrôlée, de sorte que, par exemple, on mange toujours à la même heure.
- Les aliments sont classés dans les catégories "bon" et "mauvais".
- Des excuses sont régulièrement utilisées pour sauter des repas.

- Les aliments disparaissent du réfrigérateur.

- Des emballages vides de produits alimentaires traînent.
- On se pèse très souvent pour contrôler son poids.
- Après le repas, les gens vont souvent aux toilettes.

Remarque : les bruits de vomissement ne sont pas toujours clairement audibles, car ils sont souvent masqués par la chasse d'eau ou le robinet.

- Des changements visibles de poids (diminution, augmentation, variations de poids) sont constatés.
- Des traits dépressifs se dessinent.

Plusieurs des comportements mentionnés ci-dessus s'appliquent et vous soupçonnez fortement que la personne en question souffre d'un comportement alimentaire émotionnel ? Cette situation n'est pas facile pour les proches, qu'il s'agisse du partenaire, de l'enfant, du frère ou de la sœur, ou d'un ami proche. Il est donc tout à fait compréhensible que vous ne sachiez pas si et comment vous devez engager la conversation.

Vous seul pouvez décider de la manière dont vous agissez finalement, mais une discussion ouverte est recommandée dans la plupart des situations. Il est important que vous vous informiez au préalable de manière détaillée sur le thème de l'alimentation émotionnelle. Vous pourrez ainsi aborder l'entretien avec des informations et des questions concrètes. De plus, si vous disposez de suffisamment d'informations de base, vous aurez la meilleure chance de faire des propositions constructives qui pourront aider la personne. Cherchez par exemple des adresses de centres de conseil ou de médecins et proposez de venir avec vous. Si vous décidez de parler, choisissez un moment calme et soyez prudent. Parlez d'abord de votre propre perception et envoyez des messages à la première personne.

Quels changements avez-vous remarqués chez la personne ? Quels sont les comportements qui vous inquiètent ? Pourquoi avez-vous l'impression que la personne ne va pas bien ? Mettez l'accent sur le fait que vous vous souciez de l'état mental de la personne et essayez de ne pas trop parler de son poids et de son alimentation.

Donnez à la personne la possibilité de parler d'un sujet qui la préoccupe actuellement. Vous pouvez ainsi l'amener à aborder le sujet qui est à l'origine de son comportement alimentaire anormal. Il est également très important de ne pas faire de reproches. Donnez à la personne le sentiment qu'elle n'est pas seule et qu'elle a en vous un confident. Ne posez pas trop de questions intimes, mais tenez-vous en aux messages à la première personne. Si la personne concernée a besoin de parler et de partager ses sentiments avec vous, elle le fera d'elle-même. De plus, les personnes concernées ont souvent tendance à se sentir réduites à leur comportement alimentaire ou à leur poids. Il est donc important de parler d'autres choses quotidiennes. Vous pouvez motiver la personne concernée à consulter. Il est toutefois très difficile pour de nombreuses personnes d'accepter de l'aide et cela ne peut pas être imposé de l'extérieur. N'exercez donc pas de pression, mais proposez simplement cette option et soyez patient.

Ne le prenez pas personnellement si la personne réagit en colère ou blessée et conteste le comportement alimentaire émotionnel. Dans ce cas, une telle réaction fait partie des symptômes et n'a rien à voir avec vous. Reconnaître soi-même que l'on souffre d'alimentation émotionnelle ou d'un trouble alimentaire est souvent un processus qui prend du temps. Continuez donc à faire preuve de patience et d'amour.

En cas de trouble alimentaire aigu et si vous craignez un danger physique, vous devez, en tant que proche, insister pour consulter un médecin. La personne concernée réagira probablement négativement et ne jugera pas nécessaire un examen physique, car les personnes souffrant de troubles alimentaires ont généralement perdu la notion de leur propre corps. Ils ne sont donc plus en mesure d'évaluer correctement la situation.

Vous devez également garder à l'esprit que vous ne pouvez pas forcer quelqu'un à se faire aider. Vous ne pouvez que donner une impulsion dans la bonne direction et motiver la personne, mais elle doit être prête à accepter une aide extérieure. Vous devez également comprendre que vous ne pouvez pas et ne devez pas remplacer un thérapeute. Dans les cas aigus, confiez le traitement à un expert et soyez là pour apporter un soutien émotionnel tout au long du processus. Si vous estimez que la situation est trop difficile, vous avez également la possibilité, en tant que proche, de demander un soutien professionnel sous la forme d'une thérapie.

En règle générale, les remarques concernant la silhouette, le poids et la nourriture doivent être évitées. Pour la personne concernée, il s'agit de sujets hautement sensibles qui peuvent déclencher différents sentiments et modèles de comportement.

En fonction de la relation que vous entretenez avec la personne concernée, gardez dans tous les cas un contact régulier avec elle. Les personnes souffrant de boulimie émotionnelle se replient souvent sur elles-mêmes et réduisent les interactions sociales. Elles ont également du mal à admettre que vous avez besoin d'aide. En gardant un contact régulier, vous montrez donc que vous êtes là pour la personne et vous pouvez éventuellement la distraire un peu temporairement. Montrez-lui qu'il y a d'autres choses à faire que de parler de nourriture et de poids.

Mot de la fin

L'alimentation émotionnelle est un phénomène très répandu qui, dans de nombreux cas, entraîne une grande souffrance chez les personnes concernées. Ne prenez donc pas à la légère les comportements alimentaires anormaux et admettez que le problème vous dépasse. Vous n'êtes pas seul dans ce cas et il existe de nombreuses possibilités de modifier votre comportement alimentaire.

Parlez-en à une personne de confiance et essayez d'introduire plus de vigilance dans votre vie quotidienne. Pourquoi mangez-vous quoi et quand ? Prenez également conscience du fait que manger signifie avant tout fournir de l'énergie à notre corps. Alors pourquoi mangez-vous vraiment si vous n'avez pas vraiment faim physiquement ? Identifiez les schémas de pensée qui vous poussent à manger sous le coup de l'émotion et écrasez-les. Trouvez un sport qui vous fait du bien non seulement sur le plan physique, mais aussi sur le plan du plaisir. Utilisez des astuces et des méthodes comme la formule P.A.U.S.E. et découvrez ce qui vous aide le mieux.

Votre comportement alimentaire anormal a-t-il déjà évolué vers un trouble alimentaire ? Avez-vous perdu le contrôle de votre alimentation et de votre poids ? Dans ce cas, demandez une aide professionnelle. Adressez-vous à des centres de conseil, à des groupes d'entraide ou à votre médecin traitant. Aussi difficile que soit cette étape et aussi difficile qu'elle puisse vous coûter, vous n'êtes pas seul dans votre situation et vous ne devez pas souffrir. Il y a de l'aide pour tout le monde.

Soyez actif, car vous seul avez le pouvoir de décision pour changer les choses.